SERENA ALIVIA MI ALERGIA
© Elena Miguel Campos 2025

Edición, Corrección y Maquetación: Palabras de Agua Editorial
Ilustración de Portada: Virginia García Coretti
Primera Edición: Diciembre 2025

ISBN: 979-13-88169-04-5
Depósito Legal: M-28067-2025

Impresión: España

Serena

ALIVIA MI ALERGIA

ELENA MIGUEL CAMPOS

PALABRAS
DE AGUA
EDITORIAL

¡Yupi! ¡Fiesta, fiesta!

Me llamo Miguel. Hoy estoy muy contento. Me he enterado de que mi amigo Carlos se quedará a vivir aquí.

Para los que no me conocéis, os explico un poco sobre mí. Tengo nueve años. Mi piel es morenita y mi cabello negro, como el de mi padre.

Vivo en un pueblo de montaña. Es muy bonito y tranquilo. Aquí puedo jugar con total libertad con mis amigos. Hay pocos coches por la calle. La gente es amable, sencilla y tranquila. Se siente la harmonía del lugar. Todo está muy limpio. Es raro encontrar un papel en el suelo. Y cuando mi vecino pasea su perrito, es inevitable que haga caca, pero recoge siempre inmediatamente los «regalitos» de su mascota.

Yo creo que todas las personas que vivimos aquí estamos muy conectados. Porque lo que uno hace, influye directamente en todos. Somos como una gran familia.

Aquí puedes dejar la bicicleta durante toda la noche fuera de casa, y la encontrarás en el mismo lugar al día siguiente. Las personas son muy respetuosas.

¿El lugar donde tú vives es así?

Ahora estamos en verano, y ya hemos pasado las semanas más calurosas. Aunque mi pueblo está en la montaña, se nota el cambio climático. Hace un par de años, por las noches, en verano, tenía que taparme con una mantita. Pero ahora, solo uso una sábana. Y eso se nota. Sin embargo, aún se disfruta de un fresquito agradable. Y lo más importante: a mí no me pican los mosquitos. Aunque creáis que es una tontería, un solo mosquito puede ser capaz de arruinarte toda una noche. Y si no, se lo podéis preguntar a mi hermana Elena.

Mi hermana tiene 15 años. Según dicen, es la edad de la adolescencia. Vamos, que no eres adulto ni niño. Mi padre le dice que quiere comerse el mundo, pero que antes tiene que aprender cositas para poder estar preparada.

Mi hermana ya quiere ser mayor, tener su dinero y hacer lo que le venga en gana. Ella dice que ya es mayor y que todo va muy lento.

Yo no entiendo a los adolescentes ni a los adultos. Los adolescentes como mi hermana ya quieren ser mayores y los adultos quieren volver a ser adolescentes y vivir con los padres.

Bueno… en cierta manera, veo a adultos que son así. Muchos se comportan como adolescentes, y creo que tienen casi 50 años. Hay algunos que vuelven a vivir con sus padres ancianos. ¿Por qué será?

Es como el caso de Nacho, un compañero de colegio de mi padre.

Papá me dice que Nacho ha vuelto a vivir con su madre anciana debido a la crisis económica. Se quedó sin trabajo, se separó de su mujer, se puso muy malito y triste y ahora vive con su mamá. A mí me parece que hay muchas personas así, pero no lo sabemos, porque cada familia vive en su burbuja personal.

Pues lo que os contaba, que a mí me encanta explicaros cosas y me voy por las ramas.

Fijaos, que a Elena la llamamos en casa «la Forzuda». Esta palabrita explica que es capaz de sacar una fuerza brutal cuando se enfada. Y no hay cosa que la haga enfadar más que un mosquito que no la deje dormir, *ja, ja…*

Entonces, cuando ve uno, saca la zapatilla, y ¡ZAS! Ya no le va a picar a nadie.

La verdad es que yo la entiendo. A ella le pican todos y es algo que debe ser muy incómodo.

Pero este año, va a ser su año de suerte. Papá y mamá han estado ahorrando durante todo el invierno. Y ya han venido varios señores a casa a tomar medidas de las puertas y de las ventanas. Se van a colocar mosquiteras. Así podremos descansar mejor, sobre todo mi hermana.

Como os decía, estos últimos años se ha notado el cambio de temperatura. ¿Será por eso que hay más mosquitos?

La profesora de Ciencias Naturales nos dice que sí.

Los mosquitos son necesarios para la naturaleza, porque según aprendí en el colegio, forman parte del alimento de muchos pájaros. Pero es verdad que también pueden ser la causa de muchas enfermedades en el mundo. Además de las molestas picaduras. Y su nombre ya lo dice todo: ¡Cómo pica la picada!

El verano es una de mis estaciones favoritas. Este año hemos tenido una primavera muy lluviosa. El embalse está lleno hasta arriba, y los ríos, tras el deshielo de las montañas, traen mucha agua. El bosque ha estado muy verde, con gran cantidad de flores. Tantas, que creo que es el año que más mariposas he visto. Me encanta el lugar donde vivo. Para mí, es muy importante la conexión con la naturaleza. No sé si podría adaptarme a vivir en una ciudad.

Ahora el bosque tiene otros tonos de color. Tras varias semanas de verano, no luce tan verde esmeralda. Pero sigue estando precioso.

Los campos de cultivo cercanos también han sido un espectáculo de colores. Los niños que son de campo lo saben bien. Pero quizás tú vivas en una ciudad, así que te lo voy a contar. Cuando se acerca la primavera, los primeros árboles que tienen flor, son los almendros. Es una flor de color blanco, pequeñita y hermosa.

Un poco más tarde, a mitad del mes de marzo, el campo tiene un colorido rosado. Y eso es porque florecen los cerezos. El cerezo da flores de color rosa que van cambiando de tono. Desde un rosa más fucsia hasta un rosa pastel.

Esto de los tonos de color, lo domina muy bien mi hermana Elena. A ella le encanta dibujar y pintar. Y hasta ha conseguido tener una exposición de sus dibujos en la ciudad más cercana. Por eso, a los que os guste pintar, lo vais a entender mejor que yo.

Y ahora, que ya estamos en verano, ¿sabéis cuál es el color de flor que predomina? ¡Venga! Uno, dos, tres… ¿Ya lo sabes?

Pues… el violeta. Y esto se debe a que hay mucho espliego, también conocido como flor de lavanda. En esta zona crece con mucha facilidad. Es un placer pasear y poder sentir el aroma. A mí me encanta. Me recuerda mucho a mi abuela Carmen. Con ella hacía unas manualidades muy curiosas. Eran unas bolsitas decorativas, y en su interior introducíamos flor de lavanda. Así se aromatizaban los armarios de la ropa. Y yo colocaba también una bolsita sobre la almohada de mi cama. Así, al irme a dormir, olía muy bien.

Mi abuela ahora ya está muy mayor y le cuesta hacer estas cosas con las manos. Pero creo que mi hermana ha heredado esta habilidad.

Por si no os lo he contado, el bosque que se ve desde mi casa se llama Bosque de la Sabiduría. La mayor parte de los árboles que hay allí tienen muchos años.

Con el colegio hemos ido varias veces de excursión. La profesora de Ciencias Naturales nos ha explicado que allí crecen hayas, robles, abetos y pinos. Todos juntos, forman un ecosistema. Puede que os preguntéis qué es un ecosistema. O eso le pregunté yo en su día a mi profesora.

Resulta que un ecosistema es como una gran familia. En este caso os hablo de los árboles. Las hayas pueden llegar a ser muy altas, incluso de hasta cincuenta metros. Los árboles de diferentes características también permiten la vida de los animales que tienen como hogar el bosque.

El árbol más mágico para mí es el bonito Abeto Azul. Es una especie muy peculiar. Y según dice la leyenda, tiene dos guardianes que velan porque se mantenga sano. Los más ancianos del pueblo explican que todos los árboles del bosque están conectados entre sí a través de las raíces. Cuando a uno de ellos le ocurre algo, el resto enseguida lo sabe. Y el legendario Abeto Azul vendría a ser algo así como un abuelo sabio. También dice la leyenda que la resina que corre por su interior es diferente a la de los demás abetos. Y eso lo hace mágico.

¿Sabéis lo que es la resina?

Si habéis ido al bosque o bien a un parque que tengáis cerca de vuestra casa, veréis que del tronco de los árboles sale un líquido pegajoso. Es parecido a un pegamento. Pues eso es la resina.

¿Os he hablado de mis mejores amigos?

Creo que aún no. Me gusta tanto explicaros cosas del bosque...

Mi mejor amigo se llama Carlos. Él es moreno, como yo. Aunque su piel es bastante más blanquita que la mía. A veces nos preguntan si somos hermanos. Ahora que lo pienso... sería divertido. Pero no; yo tengo una hermana. Mi hermana Elena, de la que ya os he hablado.

Carlos vive muy cerca de mi casa. Tan cerca, que estamos en la misma calle.

Mi casa tiene tres plantas. Las paredes están pintadas en un color cremita claro.

En la planta baja tenemos la entrada por la que se puede subir a la parte habitable. Y la reja principal de la puerta de entrada, da paso a un patio por donde tenemos la cochera. Allí, mi padre aparca el coche familiar y mi madre tiene otro coche pequeñito. Aquí en nuestro pueblo tenemos todo lo básico para el día a día, sobre todo de alimentación. Pero si necesitamos prendas de vestir o algunos otros recursos, tenemos que disponer de un coche para poder tener movilidad. Aquí no llega el tren y el autobús municipal solo pasa una vez por la mañana y una vez por la tarde.

En la primera planta de la casa, está la cocina, el comedor y un baño. Y en la planta superior, la habitación de mis padres, la de mi hermana Elena y la mía.

Desde la ventana de mi habitación veo la casa de mi amigo Carlos. Es un lujo.

Luego os contaré más cosas sobre él.

Y mi otro gran amigo del alma es Javier. Javi, como le llamamos nosotros, es rubio. Su piel es blanquita, pero enseguida se pone morena. Eso sí, con protección solar para evitar quemarse.

Lo mejor de mi vida son mis amigos. Con ellos lo paso genial. Carlos es un poco reservado, pero ahora ya somos íntimos. Le costó adaptarse a la vida rural. Carlos es un niño que vino de una gran ciudad hace unos años.

En ese momento hubo una pandemia que nos afectó a todos. Sus padres decidieron cambiar de vida y vivir aquí. El padre de Carlos había venido de vacaciones en alguna ocasión, y le gustó tanto nuestro pueblo, que cuando tuvo lugar la pandemia, lo tuvo claro.

¿Os he explicado lo que es una pandemia?

Los que habéis vivido una, seguro que ya lo sabéis. Y los que no, pues os lo voy a contar.

Una pandemia es una enfermedad que se va extendiendo por todo el mundo. Sí, sí, por todo el mundo. En nuestro caso, se propagó por todo el planeta Tierra. Seguro que vuestros ojitos se han abierto de golpe.

Fue una época muy dura y complicada. Los adultos y los niños tuvieron que estar varias semanas encerrados en casa.

Apenas había unos ratitos permitidos para poder salir de casa. Nos vigilaban. Las tiendas tenían colas kilométricas. Incluso para comprar el pan había que esperar mucho. Parecía una película de ciencia ficción. En la ciudad lo pasaron peor.

En un pueblo nos conocemos todos y nos ayudamos. Además, aquí casi todo el mundo tiene un huerto donde cultivar productos de primera necesidad. En mi pueblo nunca nos faltó de nada. Por eso, los padres de Carlos decidieron venir al mundo rural y dejar la ciudad atrás.

Mi amigo Javi es muy divertido. Siempre sabe lo que decirte para subirte el ánimo cuando te ve con cara de acelga.

Sabéis lo que es una acelga, ¿verdad? Eso se lo digo mucho a mi hermana Elena. Pues una acelga es una verdura delgada y alargada, un poco sosa, la verdad.

Los meses de verano son ideales para hacer actividades al aire libre. Aunque, también os he de decir que en invierno salimos igual. Aunque llueva a cántaros, me calzo mis botas de agua y salgo.

¿Habéis probado lo que se siente al saltar charcos de agua?

¿No? ¿En serio? Os lo recomiendo. Tanto a niños como a mayores que quieran tener la experiencia o se les haya olvidado. ¡Es divertidísimo!

Como no tenemos piscina en casa, voy con mis amigos a la piscina municipal. Además, la tenemos muy cerca y vamos caminando. El agua es muy transparente y fresquita. Las instalaciones tienen una cafetería. Y cuando nos acompaña papá, nos invita a una bebida a cada uno.

Nuestro pueblo pertenece a un valle. En el colegio, nos explicaron que un valle es una zona de terreno que está situada entre varias montañas. Tenemos la suerte de que también tenemos río. A mí me relaja mucho salir a caminar y ver correr el agua. Conozco muy bien la zona. He salido de excursión muchas veces con papá. Un poco más arriba de nuestra casa, en un monte cercano, pero con poco desnivel, llegamos a un manantial.

¿Sabéis qué es un manantial? Pues se trata de un nacimiento natural del agua del suelo. Bueno, ahora que lo pienso, tenemos dos manantiales muy cerca. Uno de ellos, del que os estaba hablando, se llama manantial de San Miguel.

¿Será por eso que mis padres me llamaron Miguel? Quién sabe... Nunca se lo he preguntado. Quizás ahora sea el momento. Aunque, conociendo a mamá, yo más bien creo que es porque su abuelo se llamaba Miguel. Creo que le hubiera gustado conocerlo en persona. De hecho, se fue al cielo cuando era aún muy joven. Solo conoce cosas de él por lo que le ha contado la abuela Carmen y lo que ha visto en las fotos.

Y el otro manantial, tiene un nombre muy especial. Se llama Ojos del Prado. Es una zona preciosa, en la que te introduces por unas cuevas, y puedes ver cómo aparece de la nada un pequeño lago que luego se convierte en un río.

Uno de mis lugares favoritos para bañarnos en verano son las pozas del río. Cerca de mi pueblo hay una enorme. Parece casi una playa. Allí tenemos que llegar prontito por la mañana para poder extender las toallas.

Pero si nos vamos un poco más lejos, hay un lugar maravilloso, que solo los más exploradores del pueblo conocemos.

¿A ti te gusta explorar? ¿Te gusta la aventura?

No te lo pienses mucho y di que sí.

Pues para llegar a ese lugar, vamos en bicicleta. Nos colocamos el casco, nos colgamos las mochilas en la espalda y… ¡A pedalear!

El paisaje discurre por un camino entre zonas de sol y sombra, para luego abrirse a un claro, donde dejamos aparcadas las bicicletas. El resto del camino lo tenemos que hacer a pie, porque hay que escalar algunas zonas de piedras. Pero es bastante fácil.

Y ya está. Por eso es muy guay explorar. Porque descubres lugares increíbles.

Allí hay unas pozas que solo unos pocos conocemos. El agua del río está muy, muy fría, incluso en verano. Y con lo único que hay que tener cuidado es a la hora de saltar al agua. ¡No se os ocurra saltar en una poza de un río de cabeza!

¿Sabéis que en el fondo del río hay muchas piedras?

Pues por eso no hay que saltar de cabeza. Os podríais hacer mucho daño.

Y también es aconsejable llevar zapatillas para meterse en el agua. Al haber muchas piedras, se camina mucho mejor y no te resbalas. Este es un súper consejo. Ya tenéis mucha información valiosa para cuando vayáis a bañaros a un río de montaña.

Este verano estoy muy emocionado con poder ir de campamento.

¿Habéis ido alguna vez a uno?

Para mí va a ser mi primera vez.

Un campamento de verano consiste en ir de excursión y vivir prácticamente todo el día en el bosque durante varios días. Mis padres me han apuntado a uno durante una semana. Mi papá y mi mamá tienen que trabajar y les ha parecido muy buena opción. A mí al principio me daba un poco de respeto. Aunque soy sociable, me cuesta hacer nuevos amigos. Y para mí es la primera vez que voy a dormir varias noches fuera de mi casa. Hubiera preferido quedarme en casa, con la abuela Carmen. Ella cocina muy bien y me hace unas croquetas que están para chuparse los dedos.

Pero mi abuela ya es muy mayor. Ahora ella también necesita ayuda, y mis padres no quieren que yo esté todo el día solo en casa.

Me siento más tranquilo al saber que también van al campamento mis amigos Carlos y Javi.

Lo vamos a pasar genial. ¡Me hace mucha ilusión!

Y por fin llegó el gran día. Voy a pasar siete días y seis noches fuera de casa. Estoy bastante nervioso, pero muy contento. El lugar del campamento está bastante cerca de mi pueblo. Vamos a ir en autocar hasta la entrada del Bosque de la Sabiduría. Y ya una vez allí, pues ya nos dirán los monitores.

—Carlos, ayúdame con la mochila, por favor. Y no olvides tu saco de dormir. Lo acabo de ver en el fondo del maletero del autocar —le dije.

—Sí, Miguel. ¡Ya voy! —exclamó.

Ya todos cargados con mochilas y sacos de dormir, seguimos las instrucciones de los dos monitores del campamento.

—¡Venga, chicos! ¡Seguidnos! Hay que caminar un ratito por este camino y enseguida llegamos —explicó Pilar.

Pilar es una de las monitoras de nuestro campamento de verano. El otro monitor que nos acompaña se llama Toni. Los dos monitores estaban muy atareados. Ellos hablaban animadamente y se notaba que este trabajo les apasionaba. Además, era un trabajo de verano, ya que durante el invierno ellos van a la escuela de los mayores.

Tras caminar un buen rato, llegamos a una zona despejada del bosque.

—¡Muy bien, chicos! Ya estamos. Ahora vamos a montar las tiendas de campaña. Ya veréis qué divertido —dijo Toni.

Yo miré con curiosidad. Las caras de Carlos y Javi eran de risa. La verdad es que ninguno habíamos montado nunca una tienda. ¿Tan fácil era? Lo sabremos en un momento.

—¡Ven! ¡Vamos, todos a la vez! —dijeron Pilar y Toni.

Entre todos seguimos las explicaciones de los monitores. Y la verdad es que poco a poco la tienda fue tomando forma. Ya casi estaba.

—¡Buen trabajo, chicos! —dijo Pilar.

Mis amigos y yo nos sentimos muy satisfechos. Era una experiencia nueva y lo habíamos conseguido. Por eso, nunca olvidéis que, aunque estés haciendo algo que sea nuevo y te parezca difícil, estás aprendiendo. Y con la ayuda de otros, lo vas a conseguir.

Comenzaba a oscurecer. Es curioso como cuando pasas tiempo en la naturaleza te das cuenta de todas las comodidades que tienes en casa. Y que cada día las damos por normales.

Estoy aprendiendo a valorar mucho las cosas de las que puedo disfrutar cada día en casa, como tener luz siempre que quiero, abrir la nevera y tener de todo, y sobre todo el agua calentita de la ducha.

Pero estar en el bosque y compartir estos ratitos con mis amigos no tiene precio. Las cosas son importantes porque nos hacen la vida más fácil. Pero poder estar con las personas que quiero, jugar y abrazarlas, para mí es lo más de la vida. Y tenerlo todo, como es mi caso, me hace ver la gran suerte que tengo.

—¡Chicos, venid! —exclamó Toni.

—¿Qué pasa? —preguntó Javi.

—¡Mirad! Acabo de hacer una fogata y con el fuego de noche vamos a contar historias de miedo.

—¡Allá vamos! —coreamos todos.

Toni nos explicó una historia con la que casi nos hacemos pipí. Primero de miedo por el susto, allí en la oscuridad. Y luego por la risa que nos dio.

—¿Oís eso? —preguntó Carlos.

—¿El qué? —respondí yo.

—¡Son ranas! —exclamó Carlos.

No había visto nunca ranas por la noche, así que sin pensarlo dos veces me acerqué con curiosidad. Creo que aquellas ranas saltaron despavoridas de miedo al verse rodeadas de tantos niños y niñas.

La velada terminó con unas canciones junto al fuego. Toni sabe tocar muy bien la guitarra. Me encantaría aprender algún día…

—¡Chicos! Hay que prepararse para ir a dormir. Ya es tarde. Y mañana, con la primera luz del día nos vamos a levantar —explicó Pilar.

Se estaba tan bien, que ninguno tenía ganas de irse a dormir.

—¡Mirad! ¿Habéis visto cuantas estrellas? ¡Acabo de ver dos estrellas fugaces! —dijo Carlos.

Seguí con la mirada el dedo de mi amigo Carlos, que señalaba al cielo.

—¿Dónde? —pregunté.

—¡Allí, allí! —exclamó Carlos.

Vi una estrella fugaz, y luego otra y otra. Fue maravilloso. En aquel momento recordé que mamá me había explicado que si pides un deseo seguro que se cumple.

Y vosotros, ¿habéis visto alguna estrella fugaz?

—¡Arriba, chicos! ¡Hay que levantarse! —exclamaron Toni y Pilar.

—¿Ya? —contestaron Carlos y Javi.

Eran las siete de la mañana. Los monitores estaban preparando el desayuno con mucho cariño para todos. Toni y Pilar iban muy bien preparados.

—Hay que desayunar bien para tener energía, porque hoy nos espera una buena caminata —explicó Pilar.

—*Vaaaale* —dijimos todos.

—Toma, Miguel, ¿quieres un poco?

Mi amigo Carlos ha traído una bolsa de frutos secos para compartir. Es mi mejor amigo, y es muy generoso por traer comida para todos. A mí me encanta probar cosas nuevas.

—¡Qué picor! ¡Me pica toda la piel y los ojos! *¡Atchís, atchís! Tojo, tojo… ¡Atchís!*

No sé qué me pasa. A mi piel le han salido manchas rojas. Y me siento hinchado como un globo. ¡Me pica todo!

Siento como si tuviera tierra en la cara y en los ojos. También tengo tos. ¡Y no puedo parar de estornudar!

Me parece que los frutos secos no me han sentado bien.

Creo que no es normal que me pique todo, me hinche, tenga tos y no pueda parar de estornudar. Y ahora me duele la barriga y tengo ganas de vomitar.

—Carlos, por favor, avisa a Toni o Pilar. Me siento fatal —le dije a mi amigo.

—No te puedo dejar solo, Miguel. Espera, no te muevas —contestó Carlos.

—¡Javi, Javi! ¡Corre! ¡Avisa a Toni y a Pilar! —gritó Carlos.

—¡Ya voy, ya voy! —exclamó Javi.

Mientras esperaba, yo respiraba con dificultad. Pensaba en la leyenda de las hadas que nos contaban de pequeños. También me acordé de los deseos que había pedido la noche anterior al ver las estrellas fugaces en el cielo.

—Tranquilo, Carlos. Tu deseo se ha concedido. Estoy aquí para ayudarte —dijo alguien.

Me susurraban, pero no conseguía ver nada.

Ya no sé si estaba soñando o no, pero justo ante mí, vi un hada diminuta que me hablaba. Sus alas eran casi transparentes, con hilos dorados y destellos rojizos. Sus ojos eran de color castaño y su piel clara. Sobre su cabello pelirrojo y largo, lucía una diadema dorada. Llevaba un vestido de color granate, como si fuera de terciopelo. Creo que ya la conocía.

—¿Cómo te llamas? —balbuceé.

—Me llamo Serena. Soy un hada de la familia de las Hadas del Fuego. Vivo en el Bosque de la Sabiduría con mi familia —me explicó.

—Creo que te conozco Serena. Te vi cuando era más pequeño. ¿Qué me pasa, Serena? —suspiré.

—Cariño, has tenido una reacción alérgica a los frutos secos. Debía haber algún cacahuete y tu cuerpo lo ha reconocido. Respira despacio, te voy a ayudar —dijo el hada.

Lo siguiente que recuerdo fue ver las caras de susto de mis amigos Carlos y Javi.

—Todo está bien, Miguel. Ya ha pasado el peligro —dijo con mucha serenidad Toni.

Mis padres ya les habían explicado a los monitores del campamento la alergia alimentaria que tengo a los cacahuetes. Ellos sabían lo que debían hacer si ocurría alguna cosa.

Yo siempre debía llevar conmigo un kit de emergencia. En la bolsita había una jeringa cargada con un líquido que se llama adrenalina. Era la manera más rápida y eficaz de actuar si en algún momento mi cuerpo entraba en contacto con un cacahuete.

—Cariño, hemos llamado a la ambulancia para que te lleve al hospital. Aunque ya estás bien, es mejor que estés unas horas en observación por seguridad —me explicó Toni.

—También hemos avisado a tus padres —dijo Pilar.

—Muchas gracias a todos —contesté.

Enseguida llegó la ambulancia. Todo sucedió muy rápido. Gracias a lo maravillosos que fueron todos, ya me sentía bien. Tuve mucha suerte.

La doctora de los niños me explicó que la mejor manera de no tener una reacción alérgica a los cacahuetes es evitar comerlos.

En el hospital me explicaron que los síntomas típicos son: manchas rojas en la piel, picor de piel y ojos, cuerpo hinchado, tos y estornudos. También puede doler la barriga, vomitar y tener dificultad para respirar.

Todo esto yo ya lo sabía. Me ocurrió una vez cuando era más pequeño. Y desde entonces nunca había tocado ningún alimento que tuviera cacahuete.

Las comidas más frecuentes que contienen cacahuetes son las galletas y productos horneados. Pero, además, las salsas, los helados y las golosinas.

En casa teníamos las medicinas que me habían recomendado para estar preparados. Y gracias a eso, hoy os puedo contar mi historia. Hay que estar preparado.

Mi amigo Carlos también estaba junto a mí en el hospital. Se sentía triste.

—Miguel, lo siento, fue por mi culpa. Yo te compartí los frutos secos —se lamentó.

—Carlos, amigo, ya estoy bien. Además, tú no lo sabías —le dije.

En ese momento dejaron entrar a Javi a verme.

—Chicos, ¿cuándo nos vamos? ¡Venga, Miguel! Que mañana nos espera la piscina —dijo Javi.

Tengo mucha suerte. Mis amigos son geniales. Y, además, Serena, el Hada del Fuego, me ha vuelto a ayudar. Ahora sé que siempre que lo necesite va a estar junto a mí.

También he aprendido que tengo que ser más prudente con lo que como. Era la primera vez que iba de campamento y me he perdido muchos días. Pero siempre hay una parte buena: los monitores me han salvado la vida. Y mis amigos me han acompañado. Y mi familia, también.

¿Tú crees en lo que no ves? ¿Crees en el amor de tu familia y amigos?

¡Gracias, Serena, formas parte de mi familia!

¡Te quiero!

¿QUÉ ES UNA ALERGIA ALIMENTARIA?

Es una reacción que tiene el cuerpo tras comer un alimento. Las comidas que con más frecuencia causan alergia son: los cacahuetes y otros frutos secos, el huevo, la proteína de la leche, el trigo, la soja, el pescado y el marisco.

Cada vez son más frecuentes. Influyen factores hereditarios, pero también factores que nos rodean a todos. Entre ellos está la calidad de los alimentos, los pesticidas, los metales pesados, los envases de los alimentos, que pueden contener tóxicos como el bisfenol A y los microplásticos, entre otros.

Es importante leer bien las etiquetas de los alimentos envasados. Son frecuentes las alergias a productos de pastelería, bollería, pan, pastas, embutidos, helados, golosinas, cremas, mantequillas y/o margarinas, consomés, sopas y salsas.

También hay productos que no son alimenticios, pero que contienen ingredientes que pueden ocasionar reacciones si tienes alergia a los frutos secos: se trata de cosméticos y productos de higiene personal.

El sistema inmunitario de nuestro cuerpo es el que nos protege de los elementos que nos pueden enfermar. En algunos casos, nuestro sistema inmune reacciona de forma muy intensa y causa lo que se conoce como reacción alérgica.

La forma más eficaz de evitar una reacción alérgica es no comer el alimento que causa los síntomas.

En casos graves, como el de nuestro amigo Miguel, hay que estar preparado con una inyección de adrenalina. Se debe aplicar a nivel intramuscular. Y el papá, mamá y/o cuidadores han de estar instruidos para saber aplicarla. Y si fuera necesario utilizar este tratamiento, es importante ir a un servicio de urgencias.

En casos más leves, se utilizan medicamentos que tu doctor o doctora te recomendarán, según tu caso. Entre ellos están las vacunas, los antihistamínicos y los probióticos.

COSAS EN LAS QUE DEBES PENSAR:

- Cuida de tu cuerpo. Solo tienes uno para toda la vida.
- Aprende a reconocer las señales que envía tu cuerpo de que algo no está bien.
- Cuida tu alimentación.
- Prioriza los alimentos naturales y de proximidad e intenta evitar los alimentos más procesados.
- Evita los alimentos que te puedan hacen daño. En este caso, los cacahuetes.
- Lleva un colgante que informe sobre cuál es tu alergia.
- Tienes que aprender sobre tu alergia alimentaria.
- Es muy importante leer bien las etiquetas de los envases de alimentos, porque así puedes identificar lo que contienen.
- Ten cuidado cuando comas fuera de casa y cuando te ofrezcan un alimento.

- Toma las medicinas cuando sean necesarias.
- Cuida de la naturaleza, ya que gracias a ella tenemos muchos recursos.
- La importancia de los amigos.
- El amor de la familia y del cariño incondicional.

AUTOCUIDADO. SEÑALES DE ALERTA.

- Hinchazón de la cara, labios o la lengua.

- Manchas rojas en la piel.

- Picor en la piel y en los ojos.

- Tos.

- Dolor en el abdomen.

- Diarreas.

- Náuseas y /o vómitos.

- Silbidos o pitos en el pecho.

EMOCIONES:

Busca en qué momento de la historia los protagonistas experimentan estas emociones:

Alegría:

Confianza:

Miedo:

Tristeza:

Esperanza:

Tranquilidad:

Amor:

ELEMENTO DE LA NATURALEZA:

La época del año en la que tiene lugar la historia es el verano. El elemento de la naturaleza que caracteriza al verano es el fuego.

El fuego simboliza la llama de la vida. Es como la chispita que se enciende en la cocina cuando se quiere preparar un plato de cocina. Es el impulso y la fuerza que se necesita para hacer las cosas.

El fuego transmite calor, luz y conexión con los demás.

También simboliza la motivación, las ganas que cada uno tenemos dentro para comenzar algo que nos gusta.

Ahora ya sabes lo importante que es practicar actividades que te den alegría y conexión con los demás. Puedes pasar más tiempo con tus amigos y familiares. Participar en actividades sociales es fundamental para mantener en equilibrio del elemento fuego.

SERENA:

Es un hada de la familia de las Hadas del Fuego. En concreto, el don de esta hada es transmitir el entusiasmo por la vida.

Serena se encarga de separar las impurezas y de limpiar el cuerpo de los niños de aquello que les que hace daño. Para ello, hay que poner atención a la alimentación y llevar un estilo de vida saludable.

También nos enseña la importancia de mantener la calma. Ya que el estar nerviosos puede hacer que nos separemos de los demás.

Por eso, nos enseña que hay que dejar ir las emociones de la ansiedad y la agitación, típicas del estrés.

Su elemento es el FUEGO. El fuego simboliza la energía de la vida y la conexión con los demás. Serena ayuda a recordar que la vida ha de ser alegre y cómo la risa nos ayuda a conectar con nuestros familiares y amigos.

Actividades

Haz un breve resumen de la historia...

....
....
....
....
....
....
....
....
....
....
....
....
....
....
....
....

Dibuja a tu personaje favorito

Enumera él/los protagonistas de esta historia y haz una breve descripción de cada uno de ellos...

....
....
....
....
....
....
....
....
....
....
....
....
....
....
....
....

FICHA DEL GRAN LECTOR:

Título del cuento:

....

Autor:

....

Editorial:

....

ISBN:

....

¿Quién narra la historia?

....

Resume la historia en una sola frase:

....
....
....

Dibuja una portada alternativa para esta historia...

Enumera tus cinco cuentos favoritos...

....
....
....
....
....
....
....
....
....
....
....
....
....
....
....
....
....

Narra una breve historia donde tú seas el protagonista

....
....
....
....
....
....
....
....
....
....
....
....
....
....
....
....
....

Dibuja una portada para tu historia...

Enumera él/los protagonistas de tu historia y haz una breve descripción de cada uno de ellos...

....
....
....
....
....
....
....
....
....
....
....
....
....
....
....

Dibuja a tu personaje favorito...

Actividades propuestas por el profe...

....
....
....
....
....
....
....
....
....
....
....
....
....
....
....
....
....
....

....
....
....
....
....
....
....
....
....
....
....
....
....
....
....
....
....
....
....
....

....
....
....
....
....
....
....
....
....
....
....
....
....
....
....
....
....
....

....
....
....
....
....
....
....
....
....
....
....
....
....
....
....
....
....
....

··

··

··

··

··

··

··

··

··

··

··

··

··

··

··

··

··

··

....
....
....
....
....
....
....
....
....
....
....
....
....
....
....
....
....
....

....
....
....
....
....
....
....
....
....
....
....
....
....
....
....
....
....
....